LE PÉLERINAGE

DE

MARIENTHAL,

EN ALSACE.

LE PÉLERINAGE

DE

MARIENTHAL,

EN ALSACE,

PAR

MAXIMILIEN de RING.

2e Édition.

STRASBOURG,

IMPRIMERIE DE FRÉDÉRIC-CHARLES HEITZ.

1858.

LE PÉLERINAGE DE MARIENTHAL,

EN ALSACE.

La Vierge, mère du Christ, voyagea, selon la tradition antique, de Jérusalem à Éphèse, accompagnée de Jean l'Évangéliste. Après sa mort, arrivée en cette ville, on lui consacra l'église posée sur l'emplacement du fameux temple de la Diane d'Éphèse. On montrait sous les voûtes de cette basilique le tombeau de Marie, ainsi que celui de l'apôtre.

En substituant son culte à celui de la Vierge païenne, nourrice de l'Univers, et dont les attributs comprenaient tous ceux d'Isis, de Cybèle, de Cérès, et des autres divinités dont son image panthéique était la personnification, le spiritualisme chrétien voulut évidemment faire oublier le culte antique, sans froisser l'esprit des populations, qui, de toutes les parties de l'Asie-Mineure, étaient venues adorer là la Vierge céleste, et qui y vinrent maintenant apporter leurs hommages à la mère du Dieu régénérateur de l'humanité. C'était le 22 ou le 23 août, le jour même où la dédicace de l'église eut lieu, que se célébrait la grande fête qu'on lui adressait. Ce fut ce même jour aussi que se fit l'ouverture du concile, tenu dans cette église en 431.[1]) Les Pères qui y condamnèrent Nestorius, en écrivant à ce sujet au clergé de Constantinople, tirèrent avantage d'avoir jugé l'hérésiarque au lieu même où étaient morts la Sainte-Vierge et le disciple favori du Christ.

[1]) Voy. BARON., ann. 431, n° 64; *Coll. consil.*, t. III, col. 384, D; Comp. TILLEM., p. 492.

Ce fut la première église chrétienne dédiée à Marie ; et celle où fut installé son culte, qui se répandit ensuite dans tout l'Orient et jusque dans les pays les plus lointains de l'Occident.

Constantinople qui, elle aussi, lors de sa fondation par Byzas, avait été mise sous la protection de Diane, et qui, lors de la guerre des Perses, en 478 avant l'ère chrétienne, reconnaissante envers la déesse à laquelle elle prétendait devoir son salut, lui avait donné le surnom de *Sotera*, et avait pris pour emblème son croissant qu'elle mit depuis sur ses monnaies, non seulement accepta le culte de la Vierge, mais encore plaça sous ses pieds ce croissant symbolique. Les églises et chapelles qui furent mises sous sa protection, furent en si grand nombre que pas un hôtel un peu considérable n'en fut privé. La première qui s'y éleva fut celle que l'impératrice Pulchérie, canonisée par l'Église grecque, fit construire.

peu d'années après le concile d'Éphèse, dans le lieu nommé Blaquerne, sur la rive gauche du détroit. Pulchérie et son impérial époux prétendaient y déposer les restes mortels de la Vierge, qui cependant ne se retrouvèrent plus. Mais on y montrait un tombeau vide, dans lequel, disait-on, le corps de Marie avait reposé, avant que, soulevé par les anges, il avait été porté vers la voute céleste.

Une seconde basilique, qu'on attribue aussi à sainte Pulchérie, mais que d'autres historiens prétendent avoir été fondée par Théodose, recélait une ceinture qui, de la Palestine, avait été portée à Constantinople, et que l'empereur Arcade avait donnée à sa fille Pulchérie, qui la déposa dans cette église avec beaucoup d'autres présents. Selon une autre tradition, ce serait l'empereur Justinien qui, dans le siècle suivant, aurait fait don à cette église de cette miraculeuse relique. Quoi qu'il en soit, il s'en fit une fête qui se célébrait le 31 août, sous

le titre de *Déposition de la précieuse ceinture
de la mère de Dieu*. Selon la légende, Pulchérie se rendait tous les mercredis, le soir, dans
cette église, précédée d'une humble lampe,
pour y passer la nuit auprès de cette relique,
symbole de la virginité de la mère du Sauveur.
Cette ceinture, longtemps vénérée à Constantinople, fut, dit-on, transportée dans l'Europe
occidentale au commencement du XIIIe siècle.
S'il en faut croire quelques critiques, ce serait la même que celle dont Paris, Soissons,
Cologne et Maestricht se disputent la possession.

Une troisième église était celle de Notre-
Dame-Hodégétrie ou des Guides, où se montrait une image miraculeuse attribuée au pin-
ceau de Saint-Luc. Elle était située près des
murs de la ville, du côté de la mer, et fut par
la suite accompagnée d'un monastère considérable.

Rome suivit l'exemple de Constantinople.

Sixte III, un peu avant l'an 440, y consacra à la Vierge l'église dont le pape Libère avait jeté les fondements entre les années 352 et 366.

Ce fut deux siècles plus tard, sous le pontificat de Boniface IV, vers l'an 610 de l'ère chrétienne, que le Panthéon, temple qu'Agrippa, sous l'empire d'Auguste, avait dédié à tous les dieux du Paganisme, sous le nom de Mars et de Vénus, fut purifié par ce pape avec l'autorisation de l'empereur Phocas, et consacré au Dieu des Chrétiens sous l'invocation de la Sainte-Vierge et de tous les saints martyrs.

Cette consécration eut dans toute l'Église d'Occident beaucoup plus de retentissement encore et d'éclat que celle de la basilique de Libère et de Sixte. Le culte de la Vierge se répandit dès lors de plus en plus. Naples eut comme Rome, une église dédiée à la mère du Sauveur sous le titre de Sainte-Marie-Majeure.

11

En France, dans les Pays-Bas, en Espagne,
en Allemagne, où le culte de la Vierge passa
aussi de bonne heure, il obtint surtout les
plus grands honneurs, lorsque s'élevèrent
toutes ces splendides cathédrales qui, la plupart, furent placées sous son patronage. C'est
qu'à l'époque où ces dômes furent construits,
on croyait à l'ancienne puissance des sibylles
et à la vérité de leurs prédictions. Un des
plus remarquables de leurs actes était l'appa-
rition de la Vierge et de l'enfant Jésus, que la
sibylle de Tibur fit voir à Auguste. On confon-
dait cette Vierge, toute spirituelle, avec celle
essentiellement symbolique des constellations
connue sous le nom de l'*Épi*. Aussi plaça-t-
on sa statue à l'entrée de tous ces temples,
comme pour marquer la dame du lieu, et
symbolisa-t-on sous différents emblèmes sur
les portails de plusieurs d'entre eux les signes
du Zodiaque, parlante allégorie de l'année,
dont l'étoile Janus de la constellation de la

Vierge ouvrait la révolution. Aussi, quoique nulle part, dans aucun des livres qui composent le nouveau Testament, ne se trouvent cités les noms des parents de la Vierge, fît-on naître cette dernière de Joachim et d'Anna, noms que les plus vieux légendaires n'ont pu inscrire dans leurs légendes que pour expliquer la présence de cette Vierge à l'entrée de l'année, personnifiée par les Anciens sous le nom d'*Annâ Pûrnâ* ou la Nourricière. C'est-à-dire que l'année nourricière était symboliquement la mère de la Vierge céleste, placée à l'Orient, lorsque s'ouvre la révolution solaire, comme Anna le fut de cette Vierge, mère du Christ, lequel on fait naître à l'époque où cette révolution commence.

Rien n'était plus naturel que, le culte des saints une fois admis, l'un d'eux étant préposé à chaque jour de l'année, comme l'était, dans les cultes antiques, soit un des dieux de la théologie d'Orphée, soit un génie comme chez les Egyptiens, soit un ange comme chez les Perses et chez les Chaldéens, la mère du Dieu régénérateur du genre humain obtint un culte plus direct, plus élevé, plus solennel qu'aucun d'eux. Ce qui contribua le plus à l'accroître au moyen-âge, ce fut la profession particulière que la plupart des ordres religieux firent de se dévouer à Dieu sous la protection de la Vierge. Il n'y eut point une seule église de l'ordre de Citeaux, qui ne portât le titre de la Sainte-Vierge. L'ordre de Savigny qui fut ensuite fondu dans celui de Citeaux, et réduit sous la filiation de Clairvaux du vivant de saint Bernard, avait été mis sous le patronage de la Vierge dès le temps de sa fondation. Celui des Feuillants lui était tout dévoué. Ce fut sous l'étentard de la Vierge que vécurent et que combattirent les guerriers du Mont-Carmel, ceux de Notre-Dame de la Mercy, les Porte-Croix de Sainte-Marie, les Servites, les clercs réguliers de la mère de Dieu.

Tous les moines de Saint-Benoît, de Saint-Dominique et de Saint-François, s'étaient particulièrement recommandés à la Vierge.

La plupart des confréries et des congrégations de femmes se placèrent aussi sous la protection de cette Vierge pure et immaculée. Quelques enthousiastes, mus par un zèle outré, prirent même le titre d'esclaves de la Mère de Dieu. Il fallut que l'Église, pour les faire rentrer dans les vrais sentiments du culte, défendit les symboles extérieurs que les membres de ces confréries avaient adoptés dans les provinces de l'Italie, des Pays-Bas, de la France et de l'Espagne, lesquels consistaient à porter de petites chaînes aux bras et au cou, avec des médailles qui représentaient les frères enchaînés, comme captifs de la Vierge. [1])

D'un autre côté, le bruit des grâces que

1) Stock, *Escl. de la Vierge.* Comp. *Ind. decret. inq.*, 1672.

Dieu répandait par le ministère ou par la mé-
diation de la Sainte-Vierge dans certains lieux
plutôt que dans d'autres, et dont les prêtres
de ces sanctuaires avaient soin d'entretenir
les populations, fut un nouveau moyen d'ac-
croissement pour son culte. Le pélerinage de
Notre-Dame de Lorette était déjà célèbre dès
le XIIIe siècle; [1]) il y venait un si grand nombre de pélerins, que cette église, grâce aux
offrandes et aux libéralités de ses visiteurs,
finit par devenir une des plus riches de l'Italie, et par donner naissance à une ville considérable, que Sixte V érigea en évêché en 1586.
Notre-Dame des Anges, en Ombrie, ne fut
guère moins fréquenté. Ce qui y attirait les
pélerins, c'était surtout le désir de participer
aux fruits d'une indulgence extraordinaire,
accordée à saint François par Jésus Christ qui
lui parla, dit-on, par l'organe de son vicaire

1) Tursellin, *Hist. Lauret.*

Honorius III. [1]) Près de Bologne, Notre-Dame
de la Garde ; Notre-Dame de la Plèbe, dans
les *marêts* de Venise ; Notre-Dame de la Ba-
sille, en Lombardie ; Notre-Dame de Mondovi,
en Piémont ; de Geneste, en Ligurie ; du Roc
ou de la Voûte, en Toscane ; de la Vigne, près
de Viterbe ; de Rho, à trois lieues de Milan,
furent autant de lieux qui, en Italie, devinrent
célèbres par la renommée des miracles qui s'y
opéraient et qui y attiraient en foule les populations.

En Espagne, Notre-Dame de Montferrat ne
jouit guère de moins de réputation que Notre-
Dame de Lorette en Italie. On fait remonter
l'origine de ce pélerinage jusqu'à Charlemagne,
d'autres disent à Louis le Débonnaire. Mais
néanmoins ce ne fut qu'au XVe siècle que s'é-
leva, à la place de la modeste chapelle où
l'image miraculeuse de la madonne était primitivement placée, la superbe église qu'on y
admire encore aujourd'hui.

1) Comp. WADDING *Ann. minor.*

Notre-Dame del Pilar ou du Pilier est, après ce pélerinage, l'église de la Vierge la plus célèbre d'Espagne. C'est selon les annales, la plus ancienne qui ait été dédiée à la mère de Dieu dans cette contrée. Le surnaturel de l'image qu'on y révère et que saint Jacques doit lui-même avoir reçue de la Madonne avec l'ordre de lui bâtir un temple, est contestable sans doute pour le philosophe, mais est un article de foi pour ceux qui viennent lui porter leur hommage.

Notre-Dame de la Guadeloupe, en Estramadure; de Puche ou del Puig, au royaume de Valence; d'Atocha, près de Madrid; de la Sierra, en Arragon, sont autant de lieux renommés par les miracles que la sainte y opère.

En Portugal, les pélerinages de Nazareth, de Luz et d'autres lieux, ne sont pas moins renommés.

En France on possède aussi une multitude d'images et de reliques de la Vierge, qui ont

le don d'attirer les pélerins. Notre-Dame de Liesse et de Moyen-Pont, en Picardie; des Ardilliers, à Saumur; d'Esquerme, près de Lille; de Bourgdieux et du Bouchet, en Berry; de Cléry, près d'Orléans; du Chêne, en Anjou; de Bétaram, en Béarn; de Gimont, près de Toulouse, sont depuis des siècles visités et connus. Un des pélerinages les plus importants de France est celui du Puy, dont l'image en bois de cèdre a tout le caractère d'une ancienne Isis, et est elle-même placée dans la cathédrale, fondée sur un temple antique de cette déesse. Notre-Dame de l'Hosier, près de Vinay en Dauphiné; de Vivonne, de Myans et d'Orope, en Savoie; de Graye, en Franche-Comté, sont autant de lieux qui, aux jours solennels, voient les populations lointaines accourir au pied des autels de la Vierge.

Dans les Pays-Bas et en Allemagne, ce culte ne fut pas moins répandu. Le pélerinage de Sichem, en Brabant; celui de Halle, en Hainaut; ceux de Bellefont, de Bois-le-Duc, de Maestricht, de Hasselt, de Tongres, d'Aubers, de Cambron, sont tous très-renommés. Notre-Dame de Hulst, dans la Flandre hollandaise, se maintint même après que le Protestantisme eut envahi le pays, tant les populations étaient habituées à venir chercher là des consolations morales. Kevelaer, non loin de Gueldres, est connu par les processions qui y amènent les pélerins aux jours des grandes solennités.

Dans la Franconie, les deux Notre-Dame de Rotzbach et d'Ettelbach; en Suisse, celui des Ermites; Notre-Dame de Zell, en Styrie; de Bolslaw, près de Prague; de Turz, en Moravie; de Mont-Sain, aux mines de Prezbramm; tant d'autres lieux qui, tous, dans un rayon moins étendu, attirent les populations voisines, datent la plupart du moyen-âge, où le culte de la Vierge prit son plus grand développement.

Dans d'autres lieux, les grâces que l'on avait

reçues ou qu'on espérait recevoir par l'inter-
cession de la Vierge auprès de son Fils, don-
nèrent lieu à des pélerinages, qui prirent le
nom de ces grâces mêmes. Tel fut à Avignon
Notre-Dame des Dons ; à Lisbonne, Notre-
Dame de la Vertu ; Notre-Dame des Grâces,
près de Lille ; de la Garde, près de Marseille ;
des Miracles et de la Paix, à Rome ; du Bon-
Secours, à Rouen ; de la Guérison, dans le
diocèse d'Auch ; de la Vie, à Vénasque ; de la
Victoire, chez les Grecs et chez les Latins.
Tous ces noms et d'autres encore que nous
pourrions citer en grand nombre, furent, au
sentiment des théologiens, des moyens que la
religion permit d'employer pour honorer Dieu
dans la plus parfaite de ses créatures, après
celle qu'il a unie à sa divinité pour le salut du
genre humain.

L'Alsace eut aussi son pélerinage de Marie.

Aujourd'hui encore, quand viennent les
grandes solennités que l'Église a consacrées à

la Vierge, vous voyez accourir des confins les plus éloignés de la province, toutes les populations catholiques des campagnes, le chapelet à la main, les pieds nus, le front découvert, murmurant tout le long de la route la salutation angélique à Marie, ou répétant la litanie sacrée.

Marienthal ou le Val de Marie est situé à un mille géométrique de Haguenau, dans un terroir aride et sablonneux, où néanmoins l'industrieux habitant force le sol à lui fournir le pain. La vaste forêt recouvrait au XIIIe siècle toutes ces bruyères, lorsque le noble Burkart de Wangen et son épouse, mus par un sentiment de profonde piété, jetèrent les premiers fondements de l'église qui fut renouvelée dans la dernière moitié du XIVe siècle, et à laquelle fut adossé un couvent qu'entourent aujourd'hui quelques hôtelleries où les pélerins viennent s'héberger. On montre à Marmoutier la place où doivent avoir été déposés les deux

époux, et sur la tombe desquels, à une époque moins reculée, on rappela par une inscription que, *l'an 1225, le noble seigneur et chevalier de Wangen, et Ida de Vinstingen, son
épouse, élevèrent le temple de Marienthal,
près de Haguenau, à la Vierge, mère de
Dieu.*

Au bas on ajouta : *Priez pour eux.* [1])

C'était l'époque des Croisades, où la plu-
plart des ordres militaires, nous l'avons dit,
combattaient sous l'étentard de la Sainte-Vierge, et où chaque chevalier qui revenait de la
Palestine était jaloux de montrer son zèle et
sa foi envers cette sainte mère du Rédempteur.
C'est alors que refluèrent en majeure partie
en Europe cette quantité innombrable de reliques qu'on attribue à la Vierge et qu'un si grand

1) *Anno Christi* M.CC.XXV, *Burckardus Dominus
et Miles in Wangen, et Ita Domina in Vinstingen,
Coniuges, Templum Marienthal prope Haguenoam
singulari in Virginem Dei param Zelo crexerunt.
Orate pro illis.*

nombre d'églises montrent depuis avec tant d'ostentation. On alla jusqu'à produire de ses cendres et de ses ossements, quoique le tombeau qui passait pour avoir recelé son corps, fût trouvé vide, quand sainte Pulchérie le fit fouiller. Comme on avait la prétention à Constantinople de posséder sa robe, sa ceinture, de son lait même, sa quenouille et des langes de son fils, on montrait en Occident une foule d'objets analogues qui, de l'Orient et de la Palestine, y furent rapportés soit par les chevaliers pèlerins, soit par les moines qui suivirent les Croisades et auxquels la crédulité du peuple ajouta foi. Le chevalier Burkart avait-il aussi visité la Terre-Sainte ? avait-il aussi rapporté de Jérusalem quelque relique qu'il déposa dans le temple dont il fut le fondateur ? C'est ce que la tradition n'a pas conservé.

Le lieu qu'il choisit pour placer l'autel de la Vierge, à laquelle il était si dévoué, devint florissant quarante-sept ans plus tard. quand au temple isolé fut joint un monastère, et que, grâce aux moines qui y furent appelés, les miracles s'y multiplièrent.

Albert de Haguenau, las du monde, et voulant, après une vie pleine d'agitation, chercher la paix dans la solitude, résolut à son tour de se retirer au lieu choisi par le chevalier Burkart, et, avec le patrimoine de ses pères, de créer un établissement monastique à côté de l'église. En 1267, il porta son frère Engelbart de Haguenau et sa sœur Igna, épouse d'Anselme de Wangen, ainsi que Wolfram, Agnès et Anne, enfants de sa sœur de Dann, tous, du consentement de leur mère commune, à renoncer à tous leurs droits sur les biens qu'ils avaient à hériter d'elle, situés près du petit ruisseau de Rothbach, et à en faire donation au couvent que frère Albert, leur frère, beau-frère et oncle respectif avait l'intention d'y bâtir, pour y installer des frères ermites de l'ordre de Saint-Guillaume dont il avait lui-même

embrassé la règle. Pour faciliter l'exécution
de ce projet, Engelhart ajouta la même année, à cette donation la partie des dits biens qui
lui revenaient du chef de son frère, sous la ré-
serve toutefois du tiers du cours d'eau qui par-
tageait ces terres, condition qu'il avait déjà
posée lors de la première donation. L'infati-
gable ermite déploya tant de zèle pour sa
pieuse fondation que déjà, en 1272, le couvent était établi, et que des religieux de son
ordre en étaient devenus possesseurs.

Les deux fils du même Engelhart, Seemann
de Haguenau et Frédéric de Wasichenstein,
augmentèrent encore la même année la donation faite par leur père. Ils renoncèrent en
faveur du monastère à plusieurs terrains pour
l'établissement d'un vivier, d'un moulin et de
bâtiments d'économie. Un document de 1320,
conservé aux archives de Marienthal, témoi-
gne de la reconnaissance des religieux. Ils y
déclarent que le noble Engelhart et ses fils

leur ont fait don de l'église de feu le frère Albert, avec les revenus y attachés, sous la condition d'y demeurer et d'y servir Dieu ; qu'en conséquence, ils s'engagent à y rési- der au moins au nombre de deux prêtres pour la desservir, et promettent que les religieux de Marienthal ne formeront qu'une seule com- munauté avec celle des frères de l'ordre, ré- cemment arrivés à Haguenau, laquelle com- munauté sera désormais régie par un seul et même prieur, et que les deux maisons par- ticiperont aux mêmes biensfonds.

Cette communauté subsista en effet jusqu'en 1452, où le couvent de Marienthal, enrichi par les liberalités des fidèles [1]) que la réputation sainteté des premiers frères et le bruit des mi- racles qui s'y opéraient attiraient en foule, se

1) Emicho, Comte de Linange et Landvogt de Haguenau avec son épouse Claire de Vinstingen, cou- ronnèrent, en outre, par leur grandiose libéralité l'œuvre de fondation commencée au siècle précédent.

vit en état de doter ou plutòt de fonder celui de Haguenau, où jusqu'alors n'avait existé qu'une simple maison de l'ordre. Marienthal abandonna aux frères de Haguenau des biens considérables, en les chargeant, pour prix de cette donation, d'acquitter toutes les messes, anniversaires et prières auxquels les deux maisons étaient tenues. Il leur imposa en même temps l'obligation de ne pouvoir aliéner ni vendre aucun de ces biens sans son consentement. Dans le chapitre provincial, tenu à Worms en 1461, il fut en outre décidé que le droit de surveillance sur le couvent de Haguenau appartiendrait à jamais au prieur de Marienthal, dont les religieux continuèrent de desservir le pélerinage jusqu'en 1543.

A cette époque, Udalric Sturmer était prieur.

Cet homme né avec des passions peu en rapport avec l'humilité et la pureté chrétienne, avait eu une conduite si déréglée, que, poursuivi par les supérieurs de l'ordre, et ne pou-

vant espérer le pardon de ses crimes et de ses
excès, il se réfugia à Haguenau, où il se mit
sous la protection du magistrat. Il en acheta
l'impunité, en lui faisant l'abandon du couvent
de Marienthal et de tous les biens qui en dé-
pendaient.

En vain les supérieurs de l'ordre protes-
tèrent contre cet acte, et mirent tout en jeu
pour rentrer dans leurs droits. Toutes leurs
démarches furent infructueuses. Le prieur
Greifenthal s'adressa lui-même en 1561 à
l'empereur Ferdinand, et, lui demandant jus-
tice de cette spoliation, le supplia d'accorder
sa protection à l'abbé Gaspard Sulzer, qu'il
venait de nommer supérieur du couvent. Malgré l'ordre que le souverain donna à son pré-
fet dans la Haute-Alsace de lui rendre compte
de cette affaire, et le désir sincère qu'il mon-
tra de prêter son appui au prélat, le magistrat
de Haguenau se maintint en possession de Marienthal jusqu'en 1617.

Le Luthéranisme avait pendant ce temps envahi la province, et l'autel de la Vierge était resté désert.

L'archiduc Léopold, évêque de Strasbourg, voulut enfin mettre un terme à cet abandon. Il s'adressa au magistrat de Haguenau qui, plus conciliant que ses devanciers, se rendit aux vœux de ce seigneur, et, sur sa demande consentit à ce que le pélerinage fût réuni au collége établi en cette ville, et que la desserte en fût donnée aux Jésuites. Le couvent, avec tous ses droits et ses revenus, fut donc transféré à ces Pères, qui, par leur assiduité et leurs lumières, rendirent à cet ancien pélerinage la réputation dont il avait joui aux siècles précédents. Leur empressement à recevoir les pélerins, à répondre aux besoins de consolation que vint de nouveau chercher près d'eux la population des campagnes, les miracles même que leur zèle religieux publiait journellement, agrandirent encore sa renommée. Quand Sta-

nislas, déchu du trône de Pologne, vint s'ar-
rêter en Alsace, il alla plus d'une fois avec sa
mère, son épouse et la princesse royale qui
partagea plus tard le lit de Louis XV, se pros-
terner au pied de l'autel de la Madone. Marie
Leczinska y était agenouillée, lorsqu'elle re-
çut la nouvelle de son élévation sur le trône
de France. On montre encore dans l'église un
riche ostensoir, don de cette pieuse reine, pré-
cieux par son travail, et que rendent surtout
remarquable les beaux médaillons peints en
émail dont il est décoré, Plus tard, lors de la
dissolution de l'ordre des Jésuites, le cardinal
de Rohan, alors sur le siége épiscopal de Strasbourg, choisit pour leur succéder dans leurs
fonctions à Marienthal des prêtres du diocèse,
dont le zèle et la sagesse firent passer inaper-
çue cette révolution.

Mais une secousse plus terrible se préparait.

La révolution de 1789, qui renversa partout les autels, ne pouvait laisser intacts ceux

de Marienthal. Non seulement les prêtres furent chassés du sanctuaire, et le couvent fut vendu comme propriété nationale, mais encore toute l'église fut dévastée. Deux images y étaient révérées; l'une représentant la Vierge douloureuse, d'un cachet antique, qui dépasse incontestablement le XIIIe siècle, l'autre, montrant la Vierge avec le divin Enfant, et qui se trouvait primitivement placée dans la cellule ou chapelle du fondateur, près de l'enclos de l'église. L'une et l'autre étaient depuis les temps reculés l'objet de la vénération des pèlerins qui, pour marquer leur reconnaissance à la divine mère, avaient suspendu sur les piliers et sur les murs du temple d'innombrables *ex-voto*. Une vieille tradition disait que la Vierge douloureuse avait été déterrée à l'endroit même où s'éleva l'église. Ces deux figures furent sauvées, grâce à de pieuses femmes et au dévouement de quelques ecclésiastiques, qui, dans leur fuite au-delà du Rhin, allèrent

les déposer à Ottersweyer, et plus tard jusqu'à Linz, sur le Danube. Elles y demeurèrent
jusqu'en 1803 ou 1806, où elles furent de
nouveau transférées à Haguenau.

Ce ne fut néanmoins qu'en 1824 que, par
les soins de l'évèque, alors assis sur le siége
de Strasbourg, l'antique fondation de Burkart
fut rendue au culte. Le propriétaire du cloître,
du nom de Lenhart, bourgeois de Haguenau,
qui en était devenu acquéreur lors de la vente
des biens réputés nationaux, ne fit pas diffi-
culté de le céder au diocèse dès que la propo-
sition lui en fut faite. Il lui vendit pour dix-
huit mille francs le couvent et toutes ses dé-
pendances, à l'exclusion des terres dont l'évè-
ché ne crut pas devoir se rendre adjudicataire.

Les images de la Madonne furent alors trans-
portées processionnellement et avec la plus
grande solennité sur les autels d'où elles avaient
été enlevées trente-deux ans auparavant. Toutes les populations catholiques des villes et des

campagnes étaient accourues, saluant de leurs vœux la mère du Sauveur, et appelant sur elles sa bénédiction, comme l'avaient fait leurs ancêtres.

L'évêché, devenu propriétaire du cloître, en fit une maison de retraite pour les ecclésiastiques auxquels l'âge et les infirmités ne permettent plus de se livrer aux fonctions de leurs cures. Ils y desservent les autels et reçoivent les pèlerins. Rien ne subsiste plus de l'antique église de Burkart que peut-être ses substructions sur lesquelles repose l'église moderne, qui date de la deuxième moitié du XIVe siècle. Cette date, sans être nulle part inscrite, se reconnaît dans le style de l'édifice, malgré les modifications intérieures qu'on lui a fait subir à plusieurs reprises, surtout dans les temps modernes. La nef n'est point voutée, conséquence sans doute de ses agrandissements. Ce fut comme nous l'indique une inscription, [1]) sous le prieur Fréderic Hoffer, que le cloître fut achevé en 1529, par conséquent pendant que l'église était encore desservie par les frères de Saint-Guillaume. A gauche du chœur se trouvent deux monuments dignes de remarque, quoique mutilés. L'un représente un saint Sépulcre du XIV siècle, sur les quatre compartiments duquel le sculpteur a placé quatre gardiens endormis. Ces figures, sans être élégantes, offrent de l'intérêt. Malheureusement les saintes femmes ont disparu. L'autre, à côté, représente la mort de la Vierge; travail mieux conçu, et qui par le style, doit remonter au XV siècle. Les figures des apôtres portent le type traditionnel; le chevet et les pans du lit sont ornés de motifs à forme ogivale; le donataire est à genoux, ayant à côté de lui son

1) *Fridericus Hoffer Prior zu Mergendal*
Wart die Kustery volent überal,
Und war tussent CCCCCXIX. die Johrzal.
Also blibt dis Sprichwort bim Orden:
Wolt ich arbeiten, ich wer ein Mergendeler
worden.

blason, dont les emblèmes ont malheureusement été mutilés. [1]) Une inscription nous fait
connaître en lui un Seigneur de Gottesheim.
Au faîte de l'ogive est le Père éternel qui reçoit
l'âme de Marie. Il est regrettable que cette partie du monument, d'un motif si digne d'intérêt, ait aussi tant souffert à l'époque de la dé-
vastation de l'église. Tout au bas est une pierre
tumulaire avec une inscription peu lisible, et
encore moins intelligible. Néanmoins nous
pouvons y lire le millésime de 1519 et la date
du III des Ides d'avril. [2])

Ce millésime, qui nous est déjà apparu dans
l'inscription du cloître, se retrouve sur une
des trois clefs de la voûte construite par un
seigneur de Gottesheim. Les deux autres clefs
montrent, l'une, une Vierge avec l'Enfant.

1) *Frid. Got. Ben. Gen. hunc limitem vivvs poscit
anno virg. partvs* 1517.

2) *Anno Christianae pietatis M.D.XIX, III idus
aprilis, memento mei queso…. Hic jacet in tumulo,
etc.*

l'autre, un abbé avec blason. Deux autres pierres, portant arrête de voûte, ont aussi des blasons de la famille de Gottesheim, l'un à trois lis, l'autre à trois étoiles.

La solitude religieuse qui entourait autrefois Marienthal, tend aujourd'hui à devenir plus bruyante, depuis que le chemin de fer relie la capitale d'Alsace à Wissembourg. Déjà les habitations augmentent. La sombre forêt qui, au moyen-âge, cachait la chapelle sous son ombre mystérieuse, et dont le bruissement accompagnait la prière du pèlerin, laisse partout maintenant apercevoir ses clairières. Sur les rails qui la parcourent, glisse le long convoi qui chaque jour amène et entraîne les visiteurs que le sombre sentier conduisait autrefois. La vie a succédé au silence. Mais sous le toit du petit temple, la même foi fait encore battre les cœurs ; la même inspiration élève l'âme fidèle vers les régions célestes que la sainte Vierge a parcourues, et d'où la bouche du pénitent invoque son regard protecteur.